子どもの手芸
かわいいラブあみ

著 寺西 恵里子
Eriko Teranishi

日東書院

CONTENTS

- ④ はじめに・・・
- ⑤ ラブあみ

はじめてでもできる
- ⑥ ストライプのマフラー

ちょっとおしゃれ
- ⑩ フリンジマフラー

元気でかわいい
- ⑫ ボンボンつきマフラー

ボンボンつき
- ⑮ 帽子つきマフラー

とっても簡単！
- ⑯ ボンボンキャップ

かわいい形も簡単！
- ⑱ 形いろいろキャップ

すぐできてかわいい
- ⑳ あったかスヌード

ボンボンがかわいい
- ㉒ ふわふわアームカバー

あったかでおしゃれ！
- ㉔ キュートなつけえり

ふんわりかわいい
- ㉕ ヘアバンド

ブーツみたいな足元に
- ㉖ 白いレッグウォーマー

赤いラインの
- ㉗ 紺のレッグウォーマー

つなげるのが楽しい！
- ㉘ 輪っかのマフラー

ストライプがポイント！
㉜ リボンのペットボトルホルダー

ショルダータイプの
㉟ ペットボトルホルダー

お花がかわいい
㊱ ピンクのショルダーバッグ

ふわふわがかわいい
㊳ うさぎのあみぐるみ

耳(みみ)が違(ちが)うだけの
㊸ くまのあみぐるみ

小(ちい)さくてかわいい
㊹ ねずみのあみぐるみ

リボンと毛糸(けいと)の
㊻ 2色(しょく)のブレスレット

テグスで編(あ)む
㊼ パールビーズのアクセサリー

フリルがかわいい
㊿ ニットのシュシュ

ボタンがポイント！
52 ステキなクラッチバッグ

ビーズがついた
54 ストライプのポシェット

大(おお)きなボンボンの
56 ピンクのリュック

カードサイズが便利(べんり)な
59 小さな巾着(きんちゃく)

タッセルがポイント！
60 ミニのクッション

63 逆引(ぎゃくび)きインデックス

● この本(ほん)の「ラブあみ」は株式会社(かぶしきがいしゃ)アガツマ「糸(いと)」はハマナカ株式会社(かぶしきがいしゃ)のものを使用(しよう)しています。

はじめに・・・

小さい頃
残り毛糸をもらっては
モチーフを編むのが好きでした。

中学生になると
たった1玉で手袋を編んで
ひと冬、使っていました。

そして、大人になると
好きな色の好きな毛糸で
セーターを編んだり・・・・

小さい頃から
編みものの時間を楽しんできました。

編みものの楽しさを
子どもの頃から知っている・・・・

それだけで
どれだけ楽しい時間が過ごせたか。

ラブあみ・・・・
編んでみてください。

未来の楽しい時間が増えることは
間違いないと思います。

小さな作品に
大きな願いを込めて……

寺西恵里子

ラブあみ

編みものがはじめてでも大丈夫！
びっくりするほど簡単に編めます。

パーツの種類はこれだけ！

ピンで組み立てます

パーツを組み替えれば、3タイプの形になります。

長方形タイプ

円形タイプ

正方形タイプ

編みやすい編み針と使いやすいとじ針もついています。

はじめてでもできる
ストライプのマフラー

編みものがはじめてでも
ラブあみなら、マフラーも簡単！
かわいいストライプも簡単です！

[B]

[A]

[B]の作り方 ●●● P.31

ストライプのマフラー[A]の作り方

できあがりサイズ ♥ 14cm幅121.5cm

材料

[ハマナカ マナちゃんといっしょ! ララ]
ピンク(5)60g　白(1)20g
ブルー(9)60g

用具

[ラブあみ]
長方形タイプ
編み針　とじ針

基本の長方形タイプの編み方

1 輪を作ります。

1 ピンクの糸を輪にして、指を入れます。

2 糸をつかみます。

3 そのまま引き出します。

4 輪ができました。

2 はじめの糸かけをします。

1 ルームの左端の真ん中に輪をかけます。

2 下のピン(★)の右から、糸を1回転します。

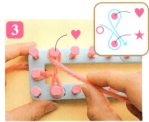

3 上のピン(♥)の右から、糸を1回転します。

4 くり返し、糸を8の字にかけます。

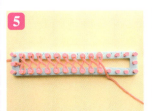

5 10ピンかけます。

6 糸を、押し下げます。

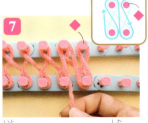

7 糸をねじらないで、下・上と、左へ戻るようにかけます。

8 最後(★)までかけます。

3 編みます。

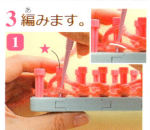

1 最後に糸をかけたピン（★）を編みます。下の糸を編み針で取ります。

2 そのまま、下の糸をピンの向こう側に持っていきます。

3 ピンからはずし、1目編めました。

4 ぐるっと1周、**1〜3**をくり返し、編みます。

4 糸かけをします。

1 糸を下の段と同じに下・上と、かけます。

```
糸をかける
　↓
最後の1目を編む
　↓
全体を編む
```

2 はじめにかけた糸（**2-1**）は途中ではずします。

5 糸を替えます。

1 9cm編みます。（または、10段。段数で編んでも構いません）

2 糸を10cmくらい残して切り、次の白い糸と結びます。

3 結び目の糸を入れて、糸かけし、編みます。

4 白を4.5cm（5段）編みます。

5 ブルーを9cm（10段）編みます。これで1模様です。

6 5模様編み、ピンクを9cm（10段）編みます。

6 編み終わりの始末をします。

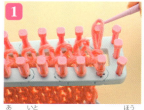

1 編み糸のついていない方の、右上の糸を取ります。

2 ピンからはずして、下のピンにかけます。

3 今かけた糸を、指で引っぱりその中に針を入れ、ピンにかかった糸を取ります。

4 針を引き上げ、2本とも ピンからはずします。

5 針にかかった糸を上のピ ンにかけます。

6 3〜5をくり返します。

7 針にかかった糸を下のピンにかけます。最後までくり返します。

7 糸端の始末をします。

1 糸を15cmくらい残して切ります。

2 針をそのまま、引き上げます。

3 マフラーが編みあがりました。

4 糸にとじ針をつけます。

5 4、5段、編み目に糸を通します。

6 糸を切ります。

7 編みはじめの糸も始末して、できあがりです。

1段ごとに、編んだら下を引っぱるときれいに編めるよ！

針に糸を通す方法

1 とじ針に糸をかけ、ギリギリまで引っぱります。

2 針を抜き、そのまま糸の折り目をとじ針に通します。

3 こうすると、糸が簡単に通ります。

ちょっとおしゃれ
フリンジマフラー

かわいい毛糸(けいと)でまっすぐ編(あ)んだら
フリンジをつけましょう！
ワンポイントあるだけでよりおしゃれ！

[B]

[A]

フリンジマフラー [A] の作り方

材料
[ハマナカ パッケ]
紫(5) 130g

できあがりサイズ ♥
14cm幅 126cm

用具
[ラブあみ] 長方形タイプ
編み針 とじ針 厚紙

1 マフラーを編みます。

10ピンで110cm編みます。(詳しい編み方はP.7〜9)

2 フリンジを作ります。

1
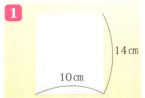

厚紙を切ります。

2

毛糸を巻きます。

3

36回巻きます。

4

片側をはさみで切ります。

3 フリンジをつけます。

1

マフラーの端の目に編み針を通し、2つ折りにした毛糸2本を引っかけて、引き抜きます。

2

針を取り、指を通し、毛糸4本の束を持ちます。

3

そのまま引き抜きます。

4

フリンジがつきました。

5

くり返し、9本つけます。

6

長さを8cmにそろえます。

7
反対側も作り、できあがりです。

フリンジマフラー [B] の作り方

材料
[ハマナカ パッケ]
緑(4) 130g

※用具・編み方・できあがりサイズは同じです。

元気でかわいい
ボンボンつきマフラー

まっすぐマフラーの先に
大きなボンボンをつけるだけ！
色を変えるのもポイント！

[B]

[A]

[B]の作り方 ●●● P.14

ボンボンつきマフラー[A]の作り方

材料
[ハマナカ マナちゃんといっしょ！ララ]
ピンク(3) 130g　白(1) 45g

できあがりサイズ ♥
14cm幅 114cm

用具
[ラブあみ] 長方形タイプ
編み針　とじ針
[ハマナカ くるくるボンボン]
ブルー 7cm

1 マフラーを編みます。

10ピン 106cm編みます。
（詳しい編み方はP.7～9）

2 ボンボンを巻きます。

1 ボンボン器の2枚を合わせ、反対側を輪ゴムでとめます。

2 糸を巻きはじめます。

3 片側に140回巻きます。

4 反対側の輪ゴムをはずし、続けて巻きます。

5 反対側も140回巻きます。

※ボンボン器を使わないやり方はP.62にあります。

3 ボンボンを切ります。

1 ボンボン器の左右を合わせて、とめます。

2 ボンボン器の間をはさみで切ります。

3 別糸(25cm)を2回転させ、しっかり結びます。もう一度、結びます。

4 ボンボン器を外します。

5 丸くなるようにはさみで切り、形を整えます。

6 直径7cmボンボンのできあがりです。

4 ボンボンをつけます。

1 編みはじめの糸にとじ針をつけ、マフラーの端を1目おきに縫います。

2 糸をしぼって、縮めます。

3
2、3針縫いつけて、糸を結びつけます。

4
糸を切ります。

5
ボンボンの糸を針に通して、縫いつけます。

6
ボンボンのもう片方の糸と、しっかり結びます。

7
ボンボンの糸端に針をつけ、ボンボンに通します。

8
糸を切ります。

9
ボンボンがつきました。

10
両端にボンボンをつけ、できあがりです。

[P.12]ボンボンつきマフラー[B]の作り方

材料

[ハマナカ マナちゃんといっしょ！ララ]
オレンジ(6) 90g　白(1) 90g

※用具・編み方・できあがりサイズは同じです。

[P.15]帽子つきマフラーの作り方

材料

[ハマナカ ソノモノスラブ超極太] 白(31) 230g
[ハマナカ オフコース！ビッグ] 白(101) 20g

用具

[ラブあみ] 長方形タイプ
編み針　とじ針
[ハマナカ くるくるボンボン]
ブルー7cm

できあがりサイズ ♥
18cm幅130cm

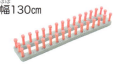

1
13ピンで130cm編み、マフラーを作ります。

2
半分に折り、折り目から2枚を合わせて、巻きかがり(P.62)をします。

ボンボンつき
帽子つきマフラー

長く編んで2つに折るだけで
帽子つきマフラーに！
大きなボンボンを先につけて。

3 20cm縫い、表に返します。

4 別糸で直径7cmのボンボン(P.13と同じ)を作り、折り目に縫いつけます。

5 裏側で糸を結びます。

6 できあがりです。

とっても簡単！
ボンボンキャップ

まっすぐ編んで縫い合わせたら
上をしぼるだけ！
ボンボンをつけてよりかわいく！

[B]

[A]

ボンボンキャップ[A]の作り方

材料

[ハマナカ パッケ] ピンク(1) 130g
[ハマナカ オフコース!ビッグ] 白(101) 20g

用具

[ラブあみ] 長方形タイプ
編み針　とじ針
[ハマナカ くるくるボンボン] ブルー 7cm

できあがりサイズ♥
26cm幅30cm

1 帽子を編みます。

13ピンで27cmを2枚、編みます。（詳しい編み方はP.7～9）

2 帽子の形にします。

① 端についている糸にとじ針を通し、もう1枚の端の目に通します。

② 左の端の横に渡ってる糸に、針を通します。

③ 右の端の横に渡っている糸に通し、くり返します。

④ 2枚をすくいとじで縫い合わせました。

⑤ 反対側もすくいとじで縫い合わせ、裏返します。

※ ②・③の縫い方を**すくいとじ**といいます。

⑥ 別糸を針に通し、1目おきに縫います。

⑦ 糸を結び、しぼります。

3 ボンボンをつけます。

① 別糸で直径7cmのボンボン（P.13と同じ）を作ります。

② ボンボンの2本の糸を帽子の糸をまたいで内側に通します。

③ 内側で結びます。
④ 表に返して、できあがりです。

ボンボンキャップ[B]の作り方

材料

[ハマナカ パッケ]
緑(4) 135g

[ハマナカ オフコース!ビッグ]
白(101) 20g

※用具・編み方・できあがりサイズは同じです。

形いろいろキャップ[A]の作り方

材料

[ハマナカ ジャンボニー]
ブルー(14) 105g 白(31) 20g

用具

[ラブあみ] 長方形タイプ
編み針 とじ針

[ハマナカ くるくるボンボン] ピンク 5.5cm

できあがりサイズ ♥
25cm幅18cm

1 帽子を編みます。

13ピンで18cmを2枚編み(詳しい編み方はP.7〜9)、左右をすくいとじ(P.17)で縫い合わせます。

2 帽子の形にします。

1

別糸をとじ針に通し、角(☆)と(★)を合わせ、針を入れます。

2

反対側の角も(♥)に針を入れます。

3

(♡)にも針を入れます。

4

糸を引っぱり、結びます。

3 ボンボンをつけます。

1

別糸でボンボンを作り、三つ編みのひもをつけ、2個作ります。

> **ボンボンの作り方**
> P.13と同じ
> 直径5cm 片側40回巻き
>
> **三つ編みのひもの作り方**
> P.34と同じ

※ボンボンのひもを三つ編みの先に結んで、つけます。

2

帽子を裏返し、ボンボンのひもを結びます。

3

表に返して、ボンボンのひもをもう一度、結びます。

4

ひもをリボン結びして、できあがりです。

形いろいろキャップ[B]の作り方

材料

[ハマナカ ジャンボニー]
ピンク(8) 105g 白(31) 20g

用具

[ラブあみ] 長方形タイプ
編み針 とじ針

[ハマナカ くるくるボンボン] ブルー 7cm

できあがりサイズ ♥ 25cm幅18cm

※編み方は同じです。

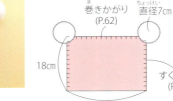

巻きかがり(P.62)
直径7cm
18cm
すくいとじ(P.17)
13ピン

ボンボンの作り方
P.13と同じ
直径7cm 片側70回巻き

すぐできてかわいい
あったかスヌード

2枚合わせて、筒にしただけ！
首があったか～いスヌードです。
ターバン風の帽子にも！

[A]

[B]

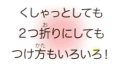

くしゃっとしても
2つ折りにしても
つけ方もいろいろ！

あったかスヌード [A] の作り方

材料
[ハマナカ マナちゃんといっしょ! ララ]
ピンク(3) 35g 紫(4) 20g 白(1) 20g

用具
[ラブあみ] 長方形タイプ
編み針 とじ針

できあがりサイズ ♥ 18cm幅21cm

3cm(4段) 白 紫 ピンク
13ピン
すくいとじ(P.17)

あったかスヌード [B] の作り方

材料
[ハマナカ パッケ] ピンク(1) 90g

用具
[ラブあみ] 長方形タイプ
編み針 とじ針

できあがりサイズ ♥ 18cm幅21cm

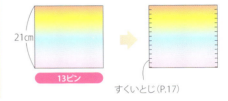

21cm
13ピン
すくいとじ(P.17)

帽子とスヌード
おそろいで!

同じ大きさを4枚編んで
帽子とスヌードに!

18cm
13ピン

おそろいセットの作り方

材料
[ハマナカ マナちゃんといっしょ! ララ]
赤(11) 145g 白(1) 45g

用具
[ラブあみ] 長方形タイプ
編み針 とじ針
[ハマナカボンボン器] ブルー7cm

巻きかがり(P.62)
直径7cm(P.13と同じ)
帽子
すくいとじ(P.17)
スヌード

帽子の作り方
P.19 [B]と同じ

スヌードの作り方
P.21 [B]と同じ

できあがりサイズ ♥ 帽子:23cm幅24cm
　　　　　　　　　　スヌード:23cm幅18cm

ボンボンがかわいい
ふわふわアームカバー

編んだらくるっと丸めて筒状に‥‥
つなぐときに指の穴をあければ
簡単にアームカバーに！

[B]

[A]

アームカバー [A] の作り方

材料
[ハマナカ マナちゃんといっしょ! ララ]
濃いピンク(5) 40g　ピンク(3) 10g

用具
[ラブあみ] 長方形タイプ
編み針　とじ針
[ハマナカ くるくるボンボン] きみどり 3.5cm
できあがりサイズ ♥ 片手 10cm 幅15cm

1 アームカバーを作ります。

1 13ピンで15cmを編みます。(詳しい編み方はP.7〜9)

2 編み終わりの糸にとじ針をつけ、反対側の端に針を通します。

3 糸を引き、筒状にしたら、右側の横の糸に針を入れ、すくいとじ(P.17)をします。

4 すくいとじで9cmまで縫い合わせ、糸を結びます。

5 編みはじめの糸に針をつけ、すくいとじで反対から3cm縫い合わせます。

6 糸を結びとめて、アームカバーのできあがりです。(親指の穴があいています)

2 ボンボンをつけます。

1 別糸で直径3.5cmのボンボン(P.13と同じで、片側45回巻き)を作ります。

2 ボンボンの糸に針をつけ、下から5段めに通します。

3 内側で結びます。

4 ボンボンを2個つけます。

5 反対側も作り、できあがりです。

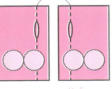

ボンボンのつけ位置
裏側の穴の位置

ふわふわアームカバー [B] の作り方

材料
[ハマナカ マナちゃんといっしょ! ララ]
紫(4) 40g　白(1) 10g

※用具・編み方・できあがりサイズは同じです。

あったかでおしゃれ！
キュートなつけえり

ちょっと寒いときにぴったり！
首元を温めるとあったかくなります。
それでいておしゃれ！

キュートなつけえりの作り方

材料
[ハマナカ マナちゃんといっしょ！ララ]
ピンク(3)40g 紫(4)10g 白(1)10g
[チェックのリボン1.5cm幅]

用具
[ラブあみ]長方形タイプ
編み針　とじ針

できあがりサイズ ♥
11cm幅40cm

1 えりを編みます。

1 12ピン で11cm編みます。
（詳しい編み方はP.7〜9）
4段／2段／2段／5段

2 もう片方の糸かけを反対からはじめます。

2 つけえりの形にします。

3 12ピン で11cmを編みます。

1 2枚をすくいとじ(P.17)で合わせてとじます。

2 リボンをとじ針に通し、1目おきに通します。

3 つけえりのできあがりです。

ヘアバンドの作り方

材料
[ハマナカ マナちゃんといっしょ！ララ]
ピンク(3)40g 紫(4)10g 白(1)10g

用具
[ラブあみ]長方形タイプ
編み針　とじ針

できあがりサイズ ♥
5cm幅45cm

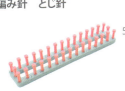

ふんわりかわいい
ヘアバンド
ほんの少しの毛糸ですぐにできます！

1 12ピン で5cmを2枚編みます。（詳しい編み方はP.7〜9）
1段／2段／3段
5cm

2 両側をすくいとじ(P.17)でつなぎます。

3 できあがりです。

ブーツみたいな足元(あしもと)に
白(しろ)いレッグウォーマー

折(お)り返(かえ)しのついた
かわいいレッグウォーマー
スニーカーもブーツみたいに！

赤いラインの 紺のレッグウォーマー

赤いラインがかっこいい
レッグウォーマーです！

紺のレッグウォーマーの作り方

材料

[ハマナカ オフコース！ビッグ]
紺(109) 40g　赤(112) 5g

できあがりサイズ ♥
11cm幅27cm

※用具は同じです。
※編み方は白いレッグウォーマーの 1 ～ 3 と同じで、糸は1本どりです。

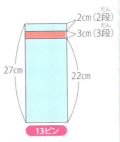

白いレッグウォーマーの作り方

材料

[ハマナカ ソノモノループ]
白(51) 85g

[ハマナカ ボニー]
こげ茶(419) 適量

用具

[ラブあみ] 長方形タイプ
編み針　とじ針

できあがりサイズ ♥
15cm幅27cm

1

13ピンで2本どりで27cm編みます。（詳しい編み方はP.7～9)
※2本どりは糸2本合わせで編みます。

2

編み終わりの糸にとじ針をつけ、反対側の端とすくいとじ(P.17)で縫い合わせます。

3

筒状にします。

4

上を4cm折り返します。

5

別糸2本どりで、針を縦に入れ、斜めにかがります。

6

もう片方も作り、できあがりです。

輪っかのマフラー[A]の作り方

できあがりサイズ ♥ 6cm幅80cm

材料

[ハマナカ オフコース!ビッグ]
赤(112)60g　白(101)60g

用具

[ラブあみ]
正方形タイプ
編み針　とじ針

基本の正方形タイプの編み方

1 糸をかけます。

1
真ん中に糸端を入れます。

2
1つおきに糸をかけます。

3
ぐるっと1周します。
8ピンかけます。

2 編みます。

1
はじめに糸をかけたピン（★）を編みます。下の糸を編み針で取ります。

2
そのまま、下の糸をピンの向こう側に持って行きます。

3
ピンからはずし、1目編めました。

4
次のピンは糸が1本なので編みません。その次の2本かかっているピンを編みます。

5
2本かかっているピンだけ編んで1周します。

3 編み終わりの始末をします。

6
次の段からは全部のピンを編みます。時々、はじめの糸を引っぱります。

7
20cm編んだら、糸を25cm残して切ります。

1
とじ針に糸を通します。

2
はじめのピンにかかっている糸の下から上に針を入れます。

③ 次の糸も下からとじ針を入れ、1周します。

④ ピンから糸をはずします。

⑤ 糸端を引っぱります。

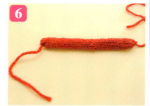
⑥ 1本編めました。赤6本白6本編みます。

4 マフラーを作ります。

① 両端の糸を結びます。

② 赤の輪っかに白を通して結びます。赤・白を交互にくり返します。

③ 糸端に針をつけ、輪の中に入れ、糸端の始末をします。

④ できあがりです。

[P.28] 輪っかのマフラー [B] の作り方

材料
[ハマナカ マナちゃんといっしょ！ララ]
ピンク(3) 30g　白(1) 30g
水色(9) 30g

できあがりサイズ ♥
7cm幅80cm

できあがりサイズ

※用具は同じです。

1 糸をかけます。

① 真ん中に糸端を入れます。

② 縦に糸をかけます。

③ ぐるっと1周します。
4ピンかけます。

2 編みます。

① はじめに糸をかけたピン（★）を編みます。下の糸を編み針で取ります。

② そのまま、下の糸をピンの向こう側に持っていきます。

③ ピンからはずし、1目編めました。

4 次のピンの(♥)は編まずに、(☆)を編みます。

5 次のピンの(♡)は編まずに、1周します。

6 次の段は1周4ピン全て編みます。

7 3段め(★)のピンは糸をかけるだけで編みません。

8 (♥)のピンは編みます。

9 (☆)のピンは糸をかけるだけで編みません。

10 (♡)のピンは編みます。

11 4段め(★)のピンは下2本を針に取り、編みます。

12 (♥)のピンを編みます。

13 (☆)は2本、(♡)は1本を針に取り、編みます。7〜13をくり返し20cm編みます。

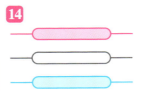
14 [A]と同じように編み終わりを始末し(P.29-30)、ピンク、白、ブルーを各4本ずつ編みます。

15 [A]と同じように順につなげて、できあがりです。

[P.6]ストライプのマフラー[B]の作り方

材料

[ハマナカ マナちゃんといっしょ! ララ]
ピンク(3)50g 白(1)50g
紫(4)40g

できあがりサイズ ♥ 14cm幅126cm

※用具・編み方はストライプのマフラー[A](P.7〜9)と同じです。

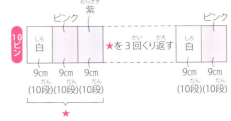

ストライプがポイント！
リボンのペットボトルホルダー

くるくる編んでいくだけで
ペットボトルホルダーも簡単！
編み終わりがフリルに！

リボンのペットボトルホルダーの作り方

できあがりサイズ ♥ 9cm幅23cm

材料

[ハマナカ マナちゃんといっしょ! ララ]
オレンジ(6) 40g 白(1) 5g

用具

[ラブあみ]
円形タイプ
編み針 とじ針

基本の円形タイプの編み方

1 糸をかけます。

1

編みはじめに、シールを貼ります。真ん中に糸端を入れ、はじめのピンに糸をかけます。

2

1つおきに前・後ろと交互に糸をかけます。

3

ぐるっと1周します。

2 編みます。

1

ピンに糸を1周かけます。

2

はじめに糸をかけたピン(★)を編みます。下の糸を編み針で取ります。

3

そのまま、下の糸をピンの向こう側に持っていきます。

4

ピンからはずし、1目編めました。

5

次のピンは糸が1本なので編みません。その次の2本かかっているピンを編みます。

6

2本かかっているピンだけ編んで1周します。

7

次の段からは全部のピンを編みます。

8

11cm編みます。

9

糸を切り、白の糸を結びます。

10 白を4段編みます。

11 さらに、オレンジ3段、白4段編み、オレンジを10㎝編みます。

3 編み終わりの始末をします。

1 糸を1周して、切ります。

2 とじ針に糸を通し、はじめのピンにかかっている糸の下から上に針を入れます。

3 1周します。

4 ピンから糸をはずします。

4 底を縫います

1 裏にして、別糸に針をつけ、編みはじめを1目おきに縫います。

2 糸を結びます。

3 表に返します。

5 ひもをつけます。

1 3本の糸をひと結びし、机に貼り、三つ編みをします。

2 右の糸(♥)を真ん中に移動します。

3 左の糸(★)を真ん中に移動します。

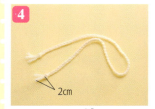

4 2、3をくり返し、38㎝編みます。

5 三つ編みにとじ針をつけ、2目おきに1周縫います。

6 ひもが通りました。

7 リボン結びをして、できあがりです。

ショルダータイプの
ペットボトルホルダー

ひもがついただけで
とっても便利！

ペットボトルホルダーの作り方

材料

[ハマナカ
マナちゃんといっしょ！ララ]
ブルー（9）38g　白（1）4g

できあがりサイズ ♥
9cm幅17cm
※用具は同じです。

1

リボンのペットボトルホルダーと同じに、柄を編み、最後のブルーを4cm編みます。

2

ひもを三つ編み（P.34）で1m編みます。

3

ひもを表に縫いつけます。

縫いとめる

4

反対側も縫いつけて、できあがりです。

お花がかわいい
ピンクのショルダーバッグ

まっすぐ編んで作ります。
お花はクルクル巻くだけで簡単！
たくさんつけてもかわいいですね。

ピンクのショルダーバッグの作り方

材料
[ハマナカ パッケ] ピンク(1) 120g
[ハマナカ ジャンボニー] 黄(11) 10g
別糸(赤) 適量

できあがりサイズ ♥
19cm幅20cm
ひもの長さ90cm

用具
[ラブあみ] 長方形・正方形タイプ
編み針 とじ針

1 ショルダーバッグを作ります。

1
13ピンで40cmで、バッグを編みます。(詳しい編み方はP.7〜9)

2
2つに折り、編み終わりの糸で2枚を巻きかがり(P.62)で縫い合わせます。

3
4ピンで90cm、ひもを編みます。

4
脇の中心とひもの中心(★)を巻きかがり(P.62)で縫い合わせます。

5
ひもがつきました。反対側もつけます。

2 花を作ります。

1
8ピンで作ります。真ん中に糸を通し、図のように(★)から糸をかけます。

2
最後の糸(♥)は下に通します。

3
別糸を下から出し、中心の糸の束をまたぐように反対側に針を入れます。

4
対角線全てに刺します。

★はじまり
♥終わり

※糸かけをする前に、3の別糸はとじ針に通しておきます。

5
裏で糸を結びます。このとき、毛糸の端も入れて、結びます。

6
お花ができました。3個作ります。

7
針でバッグに花の別糸を通し、裏で結びます。

8
3個つけて、できあがりです。

37

くるくる編んでいくだけで
かわいいあみぐるみも作れます！
かわいいリボンもつけてあげましょう。

頭とボディは
同じ大きさ
手、足、耳も同じ！

2種類のラブあみで
かわいいうさぎが
作れます。

うさぎのあみぐるみ[A]の作り方

材料
[ハマナカ ソノモノループ] 茶(52) 75g
[ハマナカ ボニー] ピンク(465) 4g
[ハマナカ ボニー] こげ茶(419) 適量
別糸 適量　化繊綿 適量

用具
[ラブあみ] 円形タイプ・正方形タイプ
編み針　とじ針

できあがりサイズ ♥
20cm幅35cm

1 頭とボディを作ります。

円形で15cm編みます。
(詳しい編み方はP.33-34)

別糸をとじ針に通します。

別糸で、ピンにかかっている糸に下から針を入れます。

引き抜いて、次のピンの糸も下から針を入れます。

1周、糸を通していきます。

ピンから糸をはずします。

はずしたところです。

糸をしっかりと結びます。

結んだ糸端を内側に入れます。

反対側も別糸で1目おきに縫います。

綿を入れます。

糸を結んで、糸端を始末します。2つ作ります。

2 手、足、耳を作ります。

8ピンで8cm編み、**1** **3**～**5**と同じように別糸を通します。

ピンから糸をはずします。

3
はずしたところです。

4
綿を入れます。

5
糸をしっかりと結びます。

6
結んだ糸端1本を内側に入れます。6本作ります。

パーツが全て編めました。

3 組み合わせます。

1
ボディの糸に針を通し、頭を1針縫います。

2
ボディを1針縫います。

4 足をつけます。

3
くり返して、1周します。頭とボディがつきました。

1
中心より少し前に足をのせ、足の糸に針をつけ、ボディを1針縫います。

2
足を一針縫います。

3
くり返して、1周します。足がつきました。もう1本つけます。

5 手をつけます。

1
ボディの脇に手を、足と同じように縫いつけます。

2
反対側もつけます。

6 耳をつけます。

1
頭の上に耳を、足と同じように縫いつけます。

2
反対側もつけます。

7 顔を刺しゅうします。

1 首の下から針を入れます。

2 上中心から7cm下の鼻の位置に針を出し、2針横に刺しゅうします。

3 鼻の中心から針を出し、口を斜めに刺しゅうします。

4 目の位置に針を出し、2針縦に刺しゅうします。

5 反対側も刺し、顔が刺しゅうできました。

6 うさぎのできあがりです。

8 リボンをつけます。

1 別糸を三つ編みで65cm編みます。（P.34）

2 首にリボンを結んで、できあがりです。

[P.40] うさぎのあみぐるみ[B]の作り方

実物大の図案
※うさぎ、くま共通

材料

[ハマナカ ソノモノループ] 白(51) 75g
[ハマナカ ボニー] 濃いピンク(474) 4g
　　　　　　　　こげ茶(419) 適量
別糸 適量　化繊綿 適量

※用具・編み方・できあがりサイズは同じです。

[P.43] くまのあみぐるみの作り方

材料

[ハマナカ ソノモノループ] こげ茶(53) 75g
[ハマナカ ボニー] ブルー(471) 4g
　　　　　　　　グレー(486) 適量
別糸 適量　化繊綿 適量

※用具・編み方は耳以外同じです。

できあがりサイズ ♥ 20cm幅30cm

耳の作り方・つけ方

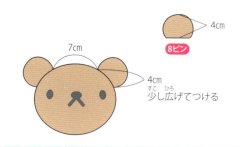

4cm / 8ピン / 7cm / 4cm / 少し広げてつける

耳が違うだけの
くまのあみぐるみ

耳を短くして、ちょっと離してつけるだけ！
ほんの少し変えただけで
かわいいくまも作れます。

小さくてかわいい
ねずみのあみぐるみ

まん丸がかわいいねずみです。
耳も丸く作りましょう！
いくつか並べてもかわいいですね。

後ろ姿もかわいい！

ねずみのあみぐるみ [A] の作り方

材料
[ハマナカ マナちゃんといっしょ！ララ]
ピンク (3) 60g
[ハマナカ ボニー] こげ茶 (419) 適量
別糸 適量　化繊綿 適量

用具
[ラブあみ] 円形タイプ・正方形タイプ
編み針　とじ針

できあがりサイズ ♥
9cm幅13cm

1 ボディを作ります。

① 円形で14cm編み、編み終わりの始末をします。(詳しい編み方はP.33-34)

② 下を縫い縮め、綿を入れ、上を縫い縮めて、ボディを作ります。(P.40と同じ)

2 耳を作ります。

① 4ピンで10cm編みます。編み終わりの始末(P.29-30)をし、両端の糸を結びます。

②

3 しっぽを作ります。

③ 結んだ糸にとじ針をつけ、ボディにつけます。2つつけます。
① 後ろ中心の下から2cmのところに糸をつけます。

② しっぽ10目を手でくさり編みを編みます。(P.53 2 ②〜⑤と同じ)

③ しっぽがつきました。

4 目、鼻を刺しゅうします。

① 別糸で鼻を刺しゅうします。
② 同じように目を刺しゅうし、できあがりです。

実物大の図案

ねずみのあみぐるみ [B] の作り方

材料
[ハマナカ マナちゃんといっしょ！ララ]
オレンジ (6) 60g
[ハマナカ ボニー] こげ茶 (419) 適量
別糸 適量　化繊綿 適量

※用具・編み方・できあがりサイズは同じです。

リボンと毛糸の
2色のブレスレット

[A]

[B]

[C]

[A]～[C]の作り方 P.48

2色を交互に編んでいく
ミサンガのようなブレスレット
願い事を込めて編んでも‥‥

テグスで編む
パールビーズのアクセサリー

パールビーズをテグスに通しておいて
そのまま編むだけで
ステキなアクセサリーに！

[B]

[C]

[A]

[A]〜[C]の作り方 ●●● P.49

[P.46] 2色のブレスレット[A]の作り方

材料
[ハマナカ マナちゃんといっしょ！ララ]
ブルー（9）適量　白（1）適量

用具
[ラブあみ] 正方形タイプ
編み針

できあがりサイズ ♥
1.5cm幅32cm

1 糸をかけます。

① 真ん中に糸端を入れます。　② ブルーを8の字にかけます。

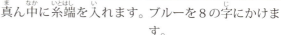

③ 白を8の字にかけます。　④ ブルーを8の字にかけます。

2 編みます。

① ブルーの2本かかっている下の糸を、ピンの向こう側に持っていきます。　② 糸を引っぱります。

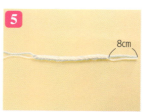

③ 反対側のブルーのピンを編み、糸を引っぱります。　④ 白い糸を8の字にかけ、編んでは糸を引っぱり、反対側のピンも編みます。　⑤ ブルー、白をくり返し18cm編み、編み終わりの始末（P.29-30）をし、糸を切ります。　⑥ 結んでできあがりです。

[P.46] 2色のブレスレット[B]の作り方

材料
[ハマナカ マナちゃんといっしょ！ララ]
ピンク（3）適量　白（1）適量

※用具・編み方・できあがりサイズは同じです。

[P.46] 2色のブレスレット[C]の作り方

材料
サテンリボン3mm幅
ピンク、ブルー、黄色、白 各適量

できあがりサイズ ♥
1.2cm幅16～18cm

※用具・編み方は同じです。

[P.47]パールビーズのアクセサリー
ブレスレット[A]の作り方

材料
テグス 適量
パールビーズ直径6mm 白 適量

用具
[ラブあみ]正方形タイプ
編み針

できあがりサイズ ♥
1.5cm幅18cm

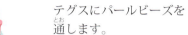
テグスにパールビーズを通します。

真ん中に糸端を入れ、裏でテープで止め、4ピンで、2段編みます。

糸をピンにかける時に、パールビーズをピンの前に持ってきます。

そのまま、下の糸をピンの向こう側に持っていきます。

ピンからはずし、1目編めました。

1周したら、次の段はそのまま編みます。1周にパールビーズを1、2個入れながら編みます。

8cm編み、編み終わりの始末(P.29-30)をし、糸を切ります。

糸を結びます。

できあがりです。

いろいろなビーズで作ってみましょう!

[P.47]ブレスレット[B]の作り方

材料
テグス 適量
パールビーズ直径6mm ピンク 適量

※用具・編み方・できあがりサイズは同じです。

[P.47]パールビーズのネックレス[C]の作り方

材料
テグス 適量
パールビーズ直径6mm ピンク 適量

できあがりサイズ ♥ 1.5cm幅42cm

※用具・編み方は同じです。

フリルがかわいい
ニットのシュシュ

編みはじめを引っぱって
かわいいフリルに！
簡単にできるシュシュです。

[A]

[B]

ニットのシュシュ [A] の作り方

材料
[ハマナカ パッケ] 緑(4) 20g
ゴム 緑 30cm

できあがりサイズ ♥
直径13cm

用具
[ラブあみ] 長方形タイプ
編み針　とじ針

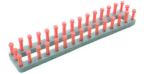

1 シュシュを編みます。

1 10ピンで5cmを2枚、編みます。(詳しい編み方はP.7〜9)

2 編み終わりの糸で、もう1枚とすくいとじ(P.17)で縫い合わせます。

3 2枚の両側を縫い合わせます。

4 編み終わり側を2cm折り上げて、まつり縫い(P.62)で縫います。

5 ぐるっと1周縫います。

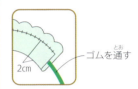

ゴムを通す　2cm

2 ゴムを入れます。

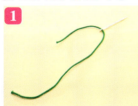

1 針にゴムを通します。

2 1-4で折り上げた中にゴムを通します。

3 ゴムの両端を結びます。

4 ゴムの端を中に入れます。

5 編みはじめ(★)を引っぱり、フリルにします。

6 できあがりです。

ニットのシュシュ [B] の作り方

材料
[ハマナカ パッケ]
ピンク(1) 20g
ゴム ピンク 30cm

※用具・編み方・できあがりサイズは同じです。

ステキなクラッチバッグ

ボタンがポイント！

まっすぐ編んで折るだけ！
簡単にクラッチバッグが作れます。
かわいいボタンをつけて仕上げましょう。

[B]

[A]

[B]の作り方　P.62

ステキなクラッチバッグ[A]の作り方

材料

[ハマナカ ジャンボニー]
濃いピンク(8) 75g　紫(17) 30g
ヒトデのボタン シルバー 1個

できあがりサイズ ♥
22cm幅 16.5cm

用具

[ラブあみ]長方形タイプ
編み針　とじ針

1 バッグを編みます。

1 13ピンで28cmをピンクで編み、紫に変えて11cm編みます。(詳しい編み方はP.7～9)

2 ピンクを2つ折りし、編みはじめの糸にとじ針をつけ、反対側の端に通します。

2 ボタンのループとボタンをつけます。

3 両端を合わせて、巻きかがり(P.62)をします。

1 左右を縫い合わせます。

2 紫の端の中心に編み針を入れ、別糸を引き出し、手でくさり編みをします。

3 できた輪に指を入れます。

4 指で1本の糸をつかみます。

5 そのまま引っぱります。

6 3～5をくり返し、8目編み、糸を抜きます。

7 はじめに残った糸と結びます。

8 ループができました。

9 バッグの中心の下から5cmの所から糸を出し、ボタンをつけます。

10 ボタンがつきました。

11 できあがりです。

ビーズがついた
ストライプのポシェット

編むときにビーズを入れて
かわいいビーズつきフラップに！
3色の三つ編みのひもでよりかわいく！

ストライプのポシェットの作り方

材料
[ハマナカ ジャンボニー]
白(31) 40g　紫(17) 50g　ピンク(8) 25g
ビーズ直径0.8cm ブルー13個
テグス 適量

用具
[ラブあみ] 長方形タイプ
編み針　とじ針

できあがりサイズ ♥
23cm幅19cm

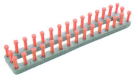

1 バッグを編みます。

1 13ピンで3色ストライプを34cm編み、白に変えて15cm編みます。(詳しい編み方はP.7〜9)

2 テグスにビーズを通します。

3 テグスの端を輪にして、(★)ピンに引っかけます。

4 ピンに糸をかけるときに、ビーズのついたテグスをいっしょにかけます。

5 そのまま、下の糸をピンの向こう側に持っていきます。

6 ピンからはずし、ビーズつき1目が編めました。後ろのピンはそのまま編みます。

7 4〜6をくり返し、1段編み、編み終わりの始末をし、テグスの端は編み地に結びつけて始末します。

8 ストライプ部分を2つに折り、両脇を巻きかがり(P.62)をします。

2 ひもをつけます。

1 3色を2本どりで110cm、三つ編み(P.34)をします。

2 結び目をバッグの脇に縫いつけます。

3 できあがりです。

ストライプの編み方

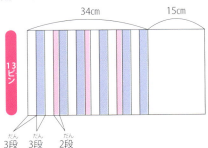

大きなボンボンの
ピンクのリュック

ちょっと小さめ！
かわいいフリルのリュックです。
ボンボンのリボンもつけて！

ピンクのリュックの作り方

材料
[ハマナカ ボニー] 濃いピンク(474) 45g
ピンク(405) 15g　白(401) 20g

できあがりサイズ ♥
22㎝幅25㎝

用具
[ラブあみ] 長方形タイプ
編み針　とじ針
[ハマナカ くるくるボンボン] ピンク 5.5㎝

1 バッグを作ります。

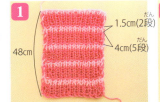

1 13ピンでストライプ48㎝を2枚編みます。（詳しい編み方はP.7〜9）

2 2枚を合わせて、まわり（両脇と底）を巻きかがり（P.62）で縫います。

2 ひもを編みます。

1 手でくさり編みをします。2本どりにし、輪を作ります。

2 できた輪に指を入れ、2本の糸をつかみます。

3 そのまま引き出します。

4 2、3をくり返し、編みます。

5 肩ひも1mを2本編みます。

6 リボン用ひも60㎝を編みます。

3 肩ひもをつけます。

1 肩ひもの先に針をつけます。

2 上から6段めの端の目に針を通します。

3 2目おいて、1目通し、をくり返して1周します。

4 左からも同じ目に通し、1周します。

5 ひもの先を下の角に入れます。

6 裏返して、中で2本を結びます。

7 反対側にもひもをつけます。

4 ボンボンを作り、リボンをつけます。

1 別糸で直径5cmのボンボン(P.13と同じ、片側70回巻き)を2個作ります。

2 バッグのひもを通した真ん中に、リボン用ひもを通します。

3 ひもの先にボンボンをつけます。

4 リボン結びをして、できあがりです。

[P.59] 小さな巾着[A]の作り方

材料
[ハマナカ マナちゃんといっしょ!ララ]
ピンク(5)15g 緑(8)5g 白(1)5g

用具
[ラブあみ] 円形タイプ
編み針 とじ針
できあがりサイズ ♥ 9cm幅14cm

1 巾着を作ります。

1 円形で15cm編みます。(詳しい編み方はP.33-34)

2 裏返して、底を巻きかがり(P.62)します。

3 巾着袋ができました。

2 ひもをつけます。

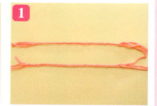

1 三つ編み(P.34)で28cmを2本編みます。

2 ひもにとじ針をつけ、上から7段めに針を通します。

3 右から右、左から左に通します。

3目

4 左右のひもをそれぞれ結んで、できあがりです。

編み終わりの始末が、きつくならないようにしましょう。

カードサイズが便利な 小さな巾着

小さいけど、便利!!
バッグに入れたり、首から下げたり
好きな配色で作りましょう。

[A]の作り方 ●●● P.58

小さな巾着[B]の作り方

材料
[ハマナカ マナちゃんといっしょ!ララ]
オレンジ(6)15g　きみどり(8)5g　白(1)5g
※用具・できあがりサイズは同じです。
編み方はひも以外は同じです。

ひもの作り方

1 三つ編み(P.34)で110cm編んだひもを2枚合わせて、通します。

2 前でリボン結びして、できあがりです。

タッセルがポイント！
ミニのクッション

小さくてかわいいクッション
四隅にタッセルをつけて
ちょっと大きく見せて！

ミニのクッションの作り方

材料

[ハマナカ ジャンボニー]
青(34) 56g 白(31) 40g
ブルー(14) 40g
手芸綿 適量

できあがりサイズ ♥
25cm幅24cm

用具

[ラブあみ] 長方形タイプ
編み針 とじ針

1 クッションを作ります。

各2段 2cm

13ピン でストライプ25cmを2枚編みます。（詳しい編み方はP.7〜9）

2枚を合わせ、まわりを巻きかがり(P.62)で縫います。

3 綿を入れます。

4 上を巻きかがり(P.62)でとじます。

2 タッセルをつけます。

1 160cmを半分に3回折り、真ん中を別糸で結びます。

2 半分に折ります。

3 上から1.5cmのところを、別糸で結びます。（結んだ糸はタッセルの中に入れます）

4 上から8cmのところで切ります。

5 タッセルができました。

6 タッセルの糸にとじ針をつけ、クッションの角に通します。

7 糸を結びます。

8 結んだ糸をクッションの中に入れ、タッセルが1つできました。（残り3つの角も同じようにつけます）

9 クッションのできあがりです。

タッセルがつくだけでかわいいですね！

縫い方

● 巻きかがり ●

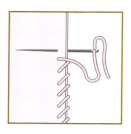

● まつり縫い ●

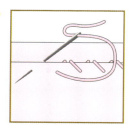

ボンボン器を使わないボンボンの作り方

● 厚紙の切り方 ●

1cmくらい

※厚紙は曲がりにくい硬いものを用意する。

♥ 作りたいボンボンの直径+1cm
★ 作りたいボンボンの直径+3cm

1 厚紙に巻きます。

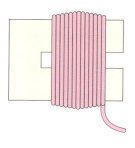

2 中心を結びます。

3 両端を切ります。

4 丸く切ります。

5 できあがりです。

[P.52] ステキなクラッチバッグ [B] の作り方

材料

[ハマナカ ソノモノループ] 白 (51) 180g
ヒトデのボタン ゴールド 1個

できあがりサイズ ♥ 28cm 幅22cm

※用具・編み方は同じです。
※糸は2本どりで編みます。

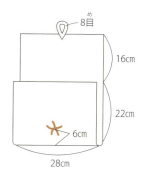

8目
16cm
22cm
6cm
28cm

逆引きインデックス

基本の長方形タイプの編み方 ・・・・・・ P.7-9
糸のかけ方・・・・・・・・・・・・ P.7
編み方・・・・・・・・・・・・・・ P.8
編み終わりの始末・・・・・・・・・ P.8-9

基本の正方形タイプの編み方 ・・・・・・ P.29-30
糸のかけ方・・・・・・・・・・・・ P.29
編み方・・・・・・・・・・・・・・ P.29
編み終わりの始末・・・・・・・・・ P.29-30

基本の円形タイプの編み方 ・・・・・・・ P.33-34
糸のかけ方・・・・・・・・・・・・ P.33
編み方・・・・・・・・・・・・・・ P.33
編み終わりの始末・・・・・・・・・ P.34

糸を替える方法・・・・・・・・・・ P.8
糸端の始末の方法・・・・・・・・・ P.9

すくいとじ・・・・・・・・・・・・ P.17
巻きかがり・・・・・・・・・・・・ P.62
まつり縫い・・・・・・・・・・・・ P.62

針に糸を通す方法・・・・・・・・・ P.9

フリンジのつけ方・・・・・・・・・ P.11
ボンボンの作り方・・・・・・・・・ P.13
ボンボン器を使わないボンボンの作り方・・・ P.62
三つ編みの仕方・・・・・・・・・・ P.34
花の作り方・・・・・・・・・・・・ P.37
手で編むくさり編み・・・・・・・・ P.53

■著者プロフィール■

寺西 恵里子 てらにし えりこ

（株）サンリオに勤務し、子ども向けの商品の企画デザインを担当。退社後も"HAPPINESS FOR KIDS"をテーマに手芸、料理、工作を中心に手作りのある生活を幅広くプロデュース。その創作活動の場は、実用書、女性誌、子ども雑誌、テレビと多方面に広がり、手作りを提案する著作物は550冊を超え、ギネス申請中。

寺西恵里子の本

『フェルトで作るお菓子』『かんたん！かわいい！ひとりでできる！ゆびあみ』（小社刊）
『楽しいハロウィン コスチューム＆グッズ』（辰巳出版）
『0・1・2歳のあそびと環境』（フレーベル館）
『365日子どもが夢中になるあそび』（祥伝社）
『3歳からのお手伝い』（河出書房新社）
『猫モチーフのかわいいアクセサリーとこもの』（ブティック社）
『きれい色糸のかぎ針あみモチーフ小物』（主婦の友社）
『はじめての編み物 全4巻』（汐文社）
『30分でできる！かわいいうで編み＆ゆび編み』（PHP研究所）
『チラシで作るバスケット』（NHK出版）
『かんたん手芸5 毛糸で作ろう』（小峰書店）
『リラックマのあみぐるみ with サンエックスの人気キャラ』（主婦と生活社）
『ハンドメイドレクで元気！手づくり雑貨』（朝日新聞出版）

■協賛メーカー■

●ラブあみ提供●
株式会社アガツマ
〒111-8524　東京都台東区浅草橋3-19-4　TEL/03(5820)1171(代)
コーポレートサイト■ www.agatsuma.co.jp
「デザコレ」シリーズ スペシャルサイト■ www.agatsuma-girl.jp

●糸提供●
ハマナカ株式会社
京都本社
〒616-8585　京都市右京区花園薮ノ下町2番地の3　TEL/075(463)5151(代)　FAX/075(463)5159
ハマナカコーポレートサイト■ www.hamanaka.co.jp　e-mailアドレス■ info@hamanaka.co.jp
手編みと手芸の情報サイト「あむゆーず」■ www.amuuse.jp

■スタッフ■

撮影　奥谷 仁
デザイン　ネクサスデザイン
作品制作　奈良 縁里　森 留美子　斎藤 沙也加　関 亜希子　並木 明子
進行　鏑木 香緒里
Special thanks　小泉 良江　中村 有希　熊原 友里　蜂屋 翔太

ひとりでできる！ For Kids!!
子どもの手芸　かわいいラブあみ

平成28年9月1日　初版第1刷発行
平成28年10月1日　初版第2刷発行

著者●寺西 恵里子
発行者●穂谷 竹俊
発行所●株式会社 日東書院本社　〒160-0022　東京都新宿区新宿2丁目15番14号 辰巳ビル
TEL●03-5360-7522（代表）FAX●03-5360-8951（販売部）
振替●00180-0-705733　URL●http://www.TG-NET.co.jp
印刷●大日本印刷株式会社　製本●株式会社セイコーバインダリー

本書の無断複写複製（コピー）は、著作権法上での例外を除き、著作者、出版社の権利侵害となります。
乱丁・落丁はお取り替えいたします。小社販売部までご連絡ください。

©Eriko Teranishi 2016, Printed in Japan　ISBN 978-4-528-02124-2　C2077